CONTE FUTUR

PAUL ADAM

Il a été tiré :

10 exemplaires sur papier de Hollande à 4 fr.
500   »   »   vélin blanc   à 2 fr.

N°

Le Conte Futur

OUVRAGES DU MÊME AUTEUR

I

Les Volontés Merveilleuses . . . . . 3 vol.

II

L'Époque . . . . 6 vol.

III

Critique des Mœurs. . . . . 1 vol.

IV

Princesses Byzantines (*sous presse*). . . 1 vol.

E. Kolb, Firmin Didot, Tresse, Stock et Savine, éditeurs.

PAUL ADAM

Le Conte Futur

PARIS

LIBRAIRIE DE L'ART INDÉPENDANT

11, RUE DE LA CHAUSSÉE-D'ANTIN, 11

Tous droits réservés

1893

Pour Ernest KOLB

LE
Conte Futur

I

Philippe pressentit dans les lettres de
son oncle le dessein d'unir Philomène
au commandant de Chaclos. L'angoisse
extrême qui le prit alors au cœur l'étonna
d'abord. Sa cousine comptait cinq ans de
plus que lui. En outre, elle avait un carac-
tère grave, et elle agréerait certes mal les
turbulences du cornette aux Guides qu'il
était.

Mais, à l'encontre de ces raisonnements
et à mesure que le colonel, par sa corres-
pondance, dissipait l'espoir d'une néga-
tion, Philippe apprit à connaitre la douleur.
L'image de la jeune fille veilla sans pitié
sur la torture de son esprit amoureux.

Maintenant, le voici sans force, étendu
contre les coussins du wagon. Avec hé-
bétude, il suit les maigres allures du commandant attentif aux cent petits cartons
rapportés de la capitale, et qui renferment
les cadeaux de corbeille. Comment ne s'a-
perçoivent-ils pas de son désespoir, ni cet
homme, ni le colonel ? Comment ne le
virent-ils pas blêmir, lorsqu'ils entrèrent au
mess des Guides en brandissant la permis-
sion obtenue de son général « pour assister à un mariage dans la famille ?»

Ils ne remarquent rien, ni l'atroce crispation du sourire par lequel il répond à leurs phrases joyeuses, ni la sueur qui glace ses tempes, le cuir de son bonnet de police.

Le colonel commence même à dormir en paix.

Aux portières le paysage déroulé lui précise dans le souvenir les heures de ce même voyage fait naguère avec elle. Son oncle était venu le chercher à l'Ecole militaire après les examens de sortie, et, durant ce voyage, elle lui était apparue ainsi qu'une âme extraordinaire, instruite en toutes les sciences et portant sur le monde des jugements inattendus.

— Oui, répond le commandant, des jugements inattendus. Elle a tout étudié, n'est-ce pas, recluse dans ce fort où l'attache la situation de son père... Il n'y a plus

un mur, chez elle, qui ne soit tapissé de
livres...

— Voici le centre de notre patrie, mon
commandant, vous l'a-t-elle appris... ici
même, où le sol ferrugineux se révèle par
cette pente soudaine surgie devant les bâ-
tisses plates des fabriques...

— Le cœur de notre république du
Nord ? Voyez, comme il monte, ce sol,
vers le pâle firmament de brumes. Il
recouvre, peu à peu, sur l'horizon les tours
fumantes des distilleries et des forges.

— Elle vous a confié son amour pour les
pauvres ?

— Elle a un extraordinaire amour pour
les pauvres.

— Ici, disait-elle, sur la hauteur, le pâtre
vit plus heureux parce que la masse des
terres abat le son des cloches industrielles,

l'appel à la souffrance quotidienne des troupeaux ouvriers...

— C'est une âme élue, Philippe, une âme élue... Pourrai-je lui valoir assez de bonheur ?

Ils s'examinèrent ; ils écoutèrent leur silence.

— Le plateau ! dit le commandant.

Là, le sol semblait avoir bondi tout à coup hors des plaines brunes de labour, et avoir entraîné dans ce saut des falaises de craie, d'inaccessibles roches, des touffes de sapins et de bouleaux, des pans de prairie, un bois entier de hêtres, même quelques villages blottis dans des cavités pleines de fougères et d'yeuses.

— Avez-vous connu sa mère ?

— Non, mon commandant, je n'ai pas connu sa mère. Elle est morte si jeune !

— ... Philomène lui ressemble d'âme. Sa mère contemplait toujours son idée de Dieu ; elle contemple aussi la douleur du monde...

— Le Christ, le même Christ sous ses deux formes...

— Des mystiques !... Tenez, voici le plateau qui s'étale par dessus le pays... La terre est rouge de matières ferrugineuses...

— Ah ! ah !... Le fer ne fait-il pas couler le sang, tout rouge...

— N'empêche ! La terre est si rouge que les gens, à force d'y peiner, en ont pris la couleur...

— Oh ! je comprends... Elle vous l'a dit aussi, cette chose ; qu'ici les petits enfants portent déjà sur leur corps rouge le blason du métal dispensateur de leur existence.

— Philippe, pourquoi cette amertume dans votre voix ?

— Pour rien, commandant... pour rien... Nous arrivons à la contrée des Hauts-Fourneaux, et des corons pleins de peuple, et des donjons flamboyants.

— Regardez ; cela forme un grand cercle étendu selon un périmètre fixe.

— Sous les canons de la cité octogone dont voici, à ras de terre, les remparts.

— Il faut de la prudence, Philippe, avec ce peuple de pauvres ; car il lui arrive de s'exaspérer.

— Descendons-nous ? Nous nous promènerons devant les petites maisons si closes, où habitent les familles des magistrats, des percepteurs, des fonctionnaires... que sais-je ?...

— Réveillez-vous, colonel... Quarante

minutes d'arrêt pour la douane... Nous allons nous dégourdir les jambes...

— Hé quoi ! fit le colonel... Sommes-nous à la frontière ?

— Peu s'en faut... vous le savez bien : voici la dernière station avant le Fort.

— Diable... Tenez : à gauche, la maison en briques rouges... où l'on aperçoit des primevères dans le petit parterre, hein ?... C'est la demeure du bourreau...

— Ah ! ah !... la demeure du bourreau... Il y a beaucoup d'assassins parce qu'on mange peu.

— Et puis le peuple manque de distractions...

« Au fait, pense Philippe, si rien n'altère les traits de ma face, ni ne décèle ma douleur à leurs yeux, c'est que je m'exagère ma souffrance... Il faut croire que le malheur ne m'accable pas... Pourtant il y a comme des cailloux sur ma poitrine quand elle se soulève pour le jeu de respirer... »

Ils vont donc en promenade.

Au pinacle de la cathédrale rococo, le symbole divin du supplice, la croix de fer, impose son signe sur des rues étroites et dures où circule la vie de la cité. Elles mènent du beffroi roidi dans ses dentelles de pierre aux casernes et aux lupanars, à un théâtre d'architecture attique, à un palais de justice Louis XV, à un hôpital de style Empire, à une prison très vaste et très simple, ornée seulement de quelques capucines entretenues, sur une croisée, par la femme du concierge. Ils rencontrent encore vers la citadelle, des manutentions et des magasins de guerre, des petits soldats imberbes qui, sous leurs longues capotes san-

2

glées, ressemblent à des servantes en
cotillons, et des officiers éperonnés, mous-
tachus, ronds comme des œufs, ou bien,
fins comme des épis, avec de courtes cra-
vaches à l'aisselle.

Large, bien balayé, éclairé de globes
électriques, le boulevard traverse la ville
entre des bazars somptueux, qui alternent
avec des palais pour Compagnies d'assurances, Sociétés métallurgiques, banques
de crédit. Il s'y promène des messieurs évi-
demment orgueilleux de leurs soucis et des
femmes promptes à aimer pour l'avantage
de leur bourse ou de leur cœur. Il y court
des gaillards chargés de ballots et légère-
ment ivres. Les étoffes des robes se drapent
en harmonie dans les voitures.

Le boulevard conduit hors de la ville,
jusqu'à la gare. Après, il devient grand'-

route et suit, à peu près parallèlement, la direction de la voie ferrée. Les trains franchissent assez vite la région des Hauts-Fourneaux... On passe entre des ruches humaines (briques brûlées, tuiles rouges, ciments)... Le colonel a repris son somme dans le coin de droite...

— Là, mon commandant, là, dit Philippe : les enfants qui grouillent à terre... on dirait un essaim de mouches sur une ordure.

— Oh ! Philippe, pourquoi parler ainsi des enfants ?

— Le linge que lessive cette vieille hideuse dans le baquet... ah ! ah !... il se déchire... Quelle mine désolée !... En vérité, ce linge s'est déchiré jusque dans mon cœur.

— Pourquoi donc parler ainsi ?

— Rirez-vous cependant de cette mère
si occupée... A la fois, elle allaite du sein,
mouche d'une main, gifle de l'autre, gronde
de la bouche, berce du pied et rit de l'œil
au facteur qui passe... Ces fillettes qui
pleurnichent en épluchant des légumes, en
tirant l'eau du puits; rirez-vous de leur
laideur!... Et les adolescentes qui se nouent
des rubans sales dans leurs maigres cheveux...

— Philippe, pourquoi lorgnez-vous le
monde avec un verre noir?

— On ne voit pas de vieillards, mon
commandant, dans cette cité de pauvres...

— Non... c'est vrai... on n'en voit pas...

— Mais il y a partout de petits cimetiè-
res carrés... Un, deux, trois...

— On ne voit pas non plus les adultes...
Philippe.

— Ils demeurent apparemment tous dans
la flamme féerique qui ronfle parmi les
cris du métal, sous les dômes des usines...

— Les estaminets aussi paraissent pleins
de feux de pipes...

— La douleur s'endort dans l'abrutisse-
ment...

— Elle vous a tout dit aussi à vous, Philippe, Philomène vous a tout dit... et voilà
que vous reflétez son âme presque autant
que la reflète sa petite sœur Francine...

Le cornette se détourne. Il regarde au
carreau du wagon. Le plateau devient une
bande bossuée de roches. Des fougères
géantes y croissent. Peu à peu, le sol ver-
dit. Les arbustes se pressent. Des treillis
de fer gardent les faisans dans les chasses.
Tout le long, afin de les empêcher de sor-
tir, des gamins sifflent. L'air un peu vif a

rendu violets leurs visages creux. Un garde
les surveille.

La forêt va naître. Elle court déjà sur les
collines de l'horizon. Cependant, les cris
du métal poursuivent la fuite du train.

Quand ils cessent, on a franchi bien des
lieues bordées de bouleaux et de frênes, en-
trevu bien des clairières où s'attardent les
hordes de daims.

Et, brusquement, le train débouche des
branches. La forêt finit net. L'express glisse
sur la crête d'un roc qui plonge à pic dans
une vallée profonde, pleine de villages
blanchissant la lisière des futaies. De très
prés à très loin, se courbe un fleuve dont
les eaux frisottent entre les arches fréquen-
tes de ses ponts.

Et le roc forme l'éperon du grand plateau
rétréci, devenu la pointe défensive de la

patrie sur le fleuve frontière. D'ailleurs, les
mamelons couvrent les travaux stratégiques
du Fort. Des coupoles d'acier s'érigent de
la roche. La brique bouche les cavernes.
D'arbre en arbre, des fils électriques courent. Par des poternes, les soldats émergent
des souterrains. Les ravins sont des cours
de caserne où les artilleurs se chamaillent
avec des lazzis qui montent d'échos en
échos.

Au bout du roc, il y a un jardin devant
une maison blanche, un jet d'eau irisé au-
dessus d'une vasque, les filles du colonel-
gouverneur parées de robes à pois et qui
comptent les primevères nées du matin dans
la pelouse.

— Bonjour, Philippe... disent-elle, et
plus bas : Nous avons senti votre douleur
qui s'approchait...

Les soldats attachent des lampions à
des mâts le long des chemins de ronde.
On hisse des drapeaux pleins de noms de
victoire. Les vétérans agacent les singes
rapportés d'Asie par les troupes du commandant de Chaclos qui fêtent, ce soir-là,
leurs succès aux pays d'Orient. Le fort
contient mille animaux singuliers, des
chiens dépourvus de tout poil, des bou-
quetins apprivoisés, des perruches loqua-
ces habiles à réciter les poèmes des barbares. On a construit des trophées avec

des armes étranges, des sortes de faux
dentelées, des sabres courbes couverts de
damasquinures, des cuirasses de fer et de
laque. Les lunes et les dragons féeriqu ;
des étendards conquis flottent sur les arcs
de triomphe en branches de sapin. Les
chants patriotiques sonnent dans les cantines pleines de monde ; et les papiers
peints des lanternes dansent au vent.

Chez le colonel, on achève le dessert.
Comme la nuit se prépare à luire de tous
ses astres, les fenêtres s'ouvrent... Les
deux sœurs viennent sur le balcon pour
assister au ciel. En bas, on a ouvert les fenêtres aussi dans la salle des invités où
dînent les adjudants... Aidés par le vin, ils
content leurs exploits. Une brave rumeur
de gaieté éclate là, pour se propager en-
suite par tout le fort, entre les ifs de feu,

les lumières tricolores des lanternes, et
les lampions des cantines...

Plus bas, la musique prélude... et puis
les cuivres donnent l'essor aux sons. Ils
s'épandent vers le cours du fleuve qui cha-
toie dans les ombres...

Francine et Philomène se sont accou-
dées. La plus jeune des sœurs retient le
commandant par son babil... Philomène
murmure vers Philippe :

— Puisque je ne saurais avoir de l'amour,
puisque nul jamais ne possèdera mon âme
entière, que vous importe ?... Hors du
monde et hors des hommes, seule ici,
parmi ce misérable peuple en livrée de
guerre, je me suis créé une vie seconde
toute d'idées folles et magnifiques. Je m'y
suis retirée pour toujours. Rien ne me
touchera plus des choses humaines, — que

superficiellement et selon le décor de l'existence.

— La gloire du commandant vous a
touchée.

— Certainement je l'aime moins que je
ne vous aime ; oui, moins. Mais lui n'es-
saiera pas de pénétrer mon âme intime, de
posséder au delà de ce que je lui donnerai
de moi.

— Votre corps...

— Voilà où votre jeunesse se déclare èt
où elle m'effraie... Qu'est-ce, le corps ?
Moins que rien. Je ne méconnais cependant pas ma beauté. Je prétends, toute-
fois, ne pas devenir, pour l'imprudente
ardeur de votre âge, un seul instrument de
joies... Cela m'outragerait.

— Laissons... et dites-moi, Philomène...
Vous croyez-vous à jamais incapable, soit

d'une compassion, soit d'une admiration
telles que vous consentiez au sacrifice de
votre orgueil intellectuel et à vous absor-
ber en celui-là...

— Par compassion... qui sait! Par admiration... oui. Mais pour que je l'admire
jusque l'adorer... quel héros inouï il me
faudrait connaître !

— Simplement celui dont les actes réa-
liseront le rêve de votre âme.

— Je ne le chérirai donc que mort... Car
quiconque annonce aux hommes une foi
nouvelle et agit afin de convertir, quiconque veut offrir, pareil au Christ, l'exemple
vivant de la doctrine, celui-là encourt jusque la mort, la haine des hommes. Et il doit
tenter le sacrifice pour le sacrifice, igno-
rant la consolation même de le savoir utile
au rachat du monde. Il lui faut aimer le

sacrifice en lui-même, sans appât de gloire,
pour la seule beauté de mourir inutile-
ment... Mais vous ne comprenez pas.

— Je comprendrai, si vous m'initiez à
vous.

Le silence des musiques qui cessèrent
alors interrompit leur propos. Dans le
calme subit de l'air, on entendit les van-
tardises des adjudants.

« Ah ! ah ! nous autres, pendant la campagne de l'Indus, nous mettions nos Asia-
tiques au bûcher, les pieds en avant ; et
on les poussait dans le feu à mesure que
le bout se consumait... Quels gaillards. Ils
grimaçaient laidement, mais ils ne criaient
pas... — Chez nous, dans la Légion, on
leur coupait d'abord les tendons du pied
avec un canif... — En Ethiopie, nous me-
nions nos prisonniers par vingt au fond

des grottes. Devant, on allumait du bois
vert, et ils éternuaient leur vie dans la fu-
mée... Tu te le rappelles, Firmin ?

« Quand le général nous eut interdit de
dépenser la poudre à fusiller les Chinois,
on les empilait dans les fosses des rizières
et on cassait les têtes à coups de crosse de
peur de fausser les baïonnettes... Leurs
crânes sortaient en rangs d'oignons... Le
premier m'a fait de la peine... si jeune,
n'est-ce pas, avec de beaux yeux orientaux
qui imploraient... Quoi ! la guerre, c'est
la guerre. On ne pouvait les emmener en
avant, ni les laisser derrière la colonne....
— Et puis, quand on entrait dans leurs
villages, trouvait-on pas, piquées sur des
bambous, les têtes des camarades surpris
aux avant-postes ? Ça ressemblait même
aux doubles files des lampadaires sur les

boulevards de la ville. Seulement, les yeux
des pauvres diables n'éclairaient plus
guère. — Tout ça, mes vieux bougres, ça ne
vaut pas encore le coup du commandant
de Chaclos — Ah ! Dieu de Dieu ! mes enfants, j'y étais : quelle marmelade ! Moi-
même ai posé la cartouche sous la pile
du pont... On les a laissés s'engager,
et quand ils y furent en bon nombre...
le commandant poussa le bouton de la
batterie électrique... V'lan ! Le paquet a
sauté !

« On retrouvait des doigts, des nez qui
se promenaient tout seuls à plus de deux
cents mètres, et des yeux collés contre les
arbres, entre les morceaux de cervelle et
des bouts de nerfs... et ces yeux-là vous
regardaient... C'était effrayant, mon cher,
effrayant !... Du coup, ils battirent en re-

traite, les survivants. Nous eûmes sans
peine leurs positions... et nous voilà ici,
victorieux, le verré à la main... On dresse
des arcs de triomphe. Le commandant a eu
sa croix... Vive la guerre donc !... quand
on en revient... »

... Francine qui tenait en ses mains une
touffe de primevères, les laissa soudain
tomber... et elle se passa les paumes sur
les tempes comme pour dissiper un cau-
chemar... Sans doute ne vit- elle pas le geste
de M. de Chaclos relevant les corolles épar-
ses afin de les lui remettre, car elle s'en-
fuit aussitôt ; et, avant qu'elle eût gagné la
porte, elle s'abattit contre le sol avec des
cris affreux, secouée par la convulsion des
nerfs.

Durant la maladie qui suivit cette crise,
la fillette subit des hallucinations sinistres.

Elle voyait dans la fièvre se tracer en images tangibles les souvenirs de guerre contés par les adjudants. On dut écarter d'elle tout l'appareil militaire ; les uniformes, les armes, les gravures signalant la bravoure historique. Le son lointain du tambour suffisait pour l'évocation sanglante ; et c'était une chose horrible. Elle se dressait menue, hagarde, les mains ouvertes et tendues pour repousser la hideur du rêve... « Oh ! disait-elle, que de pauvres vies tranchées... Le fleuve de sang saute les digues... Les têtes roulent comme des boules... Les doigts se crispent sur le sabre qui les coupe... Oh ! les yeux des mourants... les yeux ! les yeux ! les yeux !... Le sang monte, monte... Il est à ma bouche... pouah !... il m'étrangle... je ne veux pas... » Et elle retombait dans des crises...

3

Le mariage de Philomène se trouva re-
tardé par l'état très grave de la petite
sœur... Elle ne la quitta plus. Son affec-
tion se fit même plus fervente pour l'être
que tous maudissaient. Le colonel entrait
dans de grandes fureurs où il souhaitait la
mort de cette triste enfant. Les officiers de
son entourage, bien qu'ils affectassent de
l'indulgence et de la pitié, parlaient sans
aisance de ce délire qui flétrissait leur
gloire.

D'ailleurs, la légende de la petite pro-
phétesse avait bientôt visité les imagina-
tions des soldats; et ils en causaient tout
bas dans les chambrées, avant le couvre-
feu. Leurs courages allaient mollir. Dans
les rangs, à deux reprises, des recrues se
révoltèrent contre les commandements; et
on murmurait que l'heure viendrait bien-

tôt où les hommes cesseraient d'appren-
dre l'art de tuer. On fondrait les canons
pour fabriquer des charrues. La frater-
nité universelle ne tarderait plus à s'épa-
nouir.

III

Or, cela était fort grave, parce qu'on
redoutait comme prochain l'immense con-
flit des nations du Nord, attendu et préparé patiemment depuis plus de trente an-
nées. Des signes certains de bataille com-
mençaient à paraître dans le ciel et dans les
propos des diplomates. On atteignait aux
premiers jours du printemps ; et le printemps paraissait, de l'avis de tous les
hommes de guerre, le moment le meilleur
pour susciter le massacre mutuel des peu-
ples. On redoublait d'activité dans les arse-

naux et sur les polygones. Le colonel craignit que le mauvais esprit de sa troupe ne lui fût imputé par les maréchaux inspecteurs, et, pour détourner du raisonnement les intelligences de ses soldats, il les entraînait sans répit dans des marches et des manœuvres propres à lasser leurs forces morales sous la fatigue physique, et à les rendre dociles à sa main.

Eux, cependant, à courir par les villages et les corons des mineurs, prenaient une peine plus grande. Ils se lamentaient, disant : « En quelle époque barbare, nous vivons encore pour que tant de pauvreté demeure au monde. Nos mères nous enfantent dans le seul but d'un dur labeur, et nous trimons plus que les bêtes, sans avoir, comme les bêtes, le loisir de ne pas penser. Ah! maudite soit l'heure de brève

joie où nos tristes pères jetèrent leur se-
mence aux flancs de leurs épouses déchar-
nées. De quel droit nous créèrent-ils puis-
qu'ils ne pouvaient nous léguer que le dé-
sir à jamais inassouvi ?

« Et les savants disent que les généra-
tions se succèdent dans une voie de pro-
grès, et que l'homme marche à la conquête
de Dieu... Les pouvons-nous croire, puisque nous apprenons seulement l'art de
nous égorger, alors que toutes nos forces
employées à la seule fin d'améliorer notre
sort, ne réussiraient que bien petitement.
En vérité, elle a raison la jeune prophé-
tesse qui crie par les nuits que nous
demeurons barbares comme les loups,
et que jamais nous ne tiendrons le bonheur, parce que nous aimons trop le
sang... Voilà maintenant qu'on a préparé

les tambours et les drapeaux... Il va falloir
se ruer sur les pauvres diables des autres
nations, sans que nous puissions même
comprendre le motif de notre rage... Nos
pieds ont déjà été durcis sur les routes, et
nos épaules ne sentent plus le poids du ha-
vresac... Voyons, ne se lèvera-t-il pas un
homme fort, parmi nous, qui proclame-
rait enfin la révolution de l'Amour univer-
sel ? »

Et les petits soldats se poussaient l'un
l'autre et ils disaient : « Toi, toi... » mais
nul n'osait prendre la parole.

Enfin, le délire de Francine s'atténua. Elle
récupéra de la santé et de la raison. Mais
quand M. de Chaclos voulut reparler des
noces, Philomène lui affirma qu'elle reste-
terait fille. Et il comprit bien qu'elle parta-
geait alors le sentiment de sa sœur, et

qu'il lui faisait horreur à cause du sang
dont il s'était couvert.

Un peu plus tard, il connut que Philomène s'était fiancée à Philippe... Cela ne
le surprit point, parce qu'il avait entendu
presque de leurs conversations, les soirs de
primevères.

Le cornette changea de garnison et
vint au fort avec un détachement de Guides.

Depuis lors, M. de Chaclos vécut triste-
ment ; car il chérissait Philomène selon la
ténacité des dernières passions. La presque
certitude qu'il avait eue de l'épouser avait
rendu plus inébranlable cet amour de la
quarantième année. Néanmoins, son âme
était noble, il persuada au colonel de ma-
rier Philomène et Philippe. Et comme la
jeune fille remarquait avec étonnement

son entremise, il lui répondit qu'il l'aimait pour elle, non pour lui, et préférait la savoir heureuse aux bras d'un autre, plutôt que malheureuse aux siens. Cela lui vaudrait infiniment moins de douleur.

Quand on sortit de l'église, le cornette dit à sa femme : « Voici que vous vous sacrifiez à moi par compassion. Je tàcherai maintenant de mériter votre admiration. »

La guerre survint...

Le Fort gardait la frontière. On tira de ses coupoles le premier coup de canon.

Les troupes de la ville arrivèrent, et puis ce furent les troupeaux d'ouvriers et de paysans qui descendirent des trains. On les revêtit d'uniformes, on leur distribua des armes. Au dehors, les grandes routes se remplirent d'enfants et de mères qui mendiaient. Les jeunes filles se prostituaient

presque pour rien. Sur l'horizon, les donjons des usines cessèrent de flamboyer
pour la première fois depuis trente ans. Le
boulevard de la ville était plein d'activité
parce qu'on avait joué à la baisse des fonds
publics, dans les palais des Compagnies
d'assurances, Sociétés métallurgiques et
banques de crédit. Les hommes d'argent
rachetaient déjà en sous main les titres de
rente afin de les revendre, avec prime, dès
l'annonce du premier avantage.

Pour obtenir ce premier avantage que
les dépêches grossiraient habilement, les
maréchaux se hâtaient de réunir des
hommes sur ce point de frontière. On les
arrachait des mines et des sillons. Les fan-
fares sonnaient. Les drapeaux claquaient.
Les actrices en robe blanche, drapées dans
les couleurs nationales, chantaient en plein

vent, sur des tréteaux construits à la hâte,
l'*Amour sacré de la Patrie*. Et les hommes
rouges du sol ferrugineux défilaient par
masses énormes, remplissant de leurs
corps l'espace trop étroit des rues. Les ad-
ministrateurs des Compagnies ordonnèrent
qu'on défonçât des tonneaux de piquette
pour échauffer l'enthousiasme. Il s'agissait
d'enlever ce précieux avantage, de faire
prime sur le marché...

Les gendarmes pressaient les hordes misérables, une houle de têtes rouges battant
les tréteaux où les actrices en robes blan-
ches, drapées des couleurs nationales, et
les cheveux épars par-dessus le marché,
vous chantaient sans lassitude : *Le jour
de gloire*...

Encore quelques heures de train, quelques cahots de wagons, et le troupeau,

garni de brandebourgs, de galons, de fer-
blanterie, coiffé de kolbacks, monté sur
des chevaux de réquisition, est prêt à conquérir l'avantage (quarante dont un, à la
Bourse de demain).

Les caissons roulent sur le caillou des
routes. Les escadrons galopent dans les
cris clairs du métal. Les régiments tassent
le sol sous les six mille souliers d'ordon-
nance. Les officiers caracolent parmi l'éclat
de leur maroquinerie neuve; et voici, sur
la cime des collines, où se déroulent des
nuages bas, les courts éclairs des pièces
ennemies.

Parmi les lignes, il y a des gaillards qui
culbutent soudain, en des grimaces de
clowns, ou tombent à genoux, ainsi que
des illuminés fanatiques, tout ahuris de
voir au-delà. D'autres encore s'étalent

comme pour dormir, en s'étirant. Et, quand
les colonnes ont passé, quand les lignes se
sont étendues, il reste, dans la poussière
levée, de bonnes têtes rouges qui toussent
leur souffle sur des flaques plus rouges...

La campagne demeure verte et claire aux
replis du fleuve vif. Les blés couvrent la
plaine de leur herbe tendre ; et c'est là,
dans le creux de la grande vallée, un bon
nid d'abondance, aux maisonnettes blan-
ches, aux eaux lumineuses, avec le rebord
propice des collines à douces pentes.

A la tête de soixante cavaliers, Philippe
commande un poste d'observation. Il voit
les routes se noircir de grouillements humains, l'herbe se fleurir des taches écla-
tantes que donnent les uniformes, les atte-
lages galoper effrénément par les chemins
qui sonnent. Ici et là, d'un coup, la flamme

se drape au faîte des métairies. Les lignes
d'infanterie s'élargissent à travers les plaines. Elles avancent, courent, se couchent,
crépitent et pétillent, se relèvent, courent
encore, gagnent les abris, les quittent,
laissant, à chaque reposoir, des corps cris-
pés dans la verdure... Autour de lui, il est
tant de bruits de fusillade, que l'espace
semble frire.

Et tout près, les grosses têtes rougeâtres
de ses hommes bleuissent, sous les gour-
mettes polies des kolbacks, sous l'apparat
violent des pompons. Les bottes tremblent
dans les étriers qui cliquettent. Les mains
épaissies par /les labeurs des forges,
épongent la sueur des fronts. Il se fait dans
les groupes de tristes trafics. Les céliba-
taires prennent le premier rang pour mé-
nager la vie plus utile des pères. « Va...

recule, tu as des enfants... Je n'en ai
point.,. si je crève ; tu recueilleras ma
vieille mère... » — « Entendu... avance ! »

L'adjudant veut rétablir les rangs et il
gronde avec d'affreux jurons...

— Laissez, dit Philippe... laissez-les se
préparer à la mort comme il leur convient,
afin qu'ils ne nous exècrent pas, nous, les
bourreaux !...

Un murmure d'étonnement fait frisson-
ner les épaules des Guides, et ils regardent
le jeune cornette, dont la face douloureuse
s'illumine...

Il pense à ce désespoir humain ; il souffre.
La compassion de son épouse le navre,
parce qu'elle ne peut lui offrir une autre
sorte d'amour. Ah ! conquérir son admiration par un grand sacrifice, par la beauté
de la mort sans gloire...

Un cavalier accourt vers sa troupe... Le capitaine ordonne que le cornette entraîne ses hommes au galop de charge, en se dissimulant dans le chemin creux... Sûrement, il atteindra, de la sorte, cette batterie ennemie qui trotte sans défiance pour prendre position... Le régiment va s'élancer pour le soutenir...

— Les voyez-vous, mon officier. Ils sont à un mille à peine... Le bois de mélèzes nous dérobe à leurs éclaireurs. Nous les tenons... Pour charger !! Au galop ! !... En avant...

Philippe sent son cheval bondir avec le commandement... La bête l'emporte contre sa volonté hésitante. Il voudrait crier : « Arrière !.., trève de meurtre !... mes camarades... » La bête l'emporte dans la galopade forcenée du peloton. Elle l'emporte

comme la force des choses, la fatalité de la
vie, le rythme supérieur qui mène les
hommes à la douleur, à la mort, à Dieu.

Les talus passent, avec leurs saules
étronçonnés, dont les branches divergent
ainsi que des bras ivres. La terre saute
sous le fer des chevaux. Les hommes
soufflent de peur... On n'arrivera jamais.
On arrivera trop tôt...

Le talus a cessé, et, devant eux, ce sont
vingt pauvres rustres, couverts de boue,
pendus aux courroies d'un canon, que l'at-
telage tire malaisément dans le labour...
Des têtes effarées et livides se tournent
vers les Guides... Des hurlements incom-
préhensibles s'échangent. Un homme à
cheval tire un coup de feu ; la flamme semble jaillir de son poing... Le peloton s'en-
lève dans un élan dernier, et va s'abattre

4

sur les misérables, dont les mains trem-
blantes ne trouvent plus les gâchettes des
carabines... « Halte ! »

Philippe a crié ; les chevaux fléchissent
sous le coup de bride... Et, maintenant, il
se trouve stupide dans le relatif silence,
ne sachant plus pourquoi il a commandé
cette halte... d'autant que les artilleurs le
couchent en joue... « La paix ! » crie-t-il
encore... et il continue dans leur langage...
« Nous aurions pu vous massacrer... Mais
le temps est venu de l'amour... Il ne faut
plus se tuer... Il ne faut plus se tuer... Nous
ne voulons plus tuer, nous sommes frères...
les pauvres frères humains... La paix ! ne
la voulez-vous pas ?... Prenons la paix !
Aimons-nous ! »

Sans doute, les ennemis crurent-ils qu'il
annonçait la bonne nouvelle d'une paix

réelle, subitement conclue, car ils abais-
sèrent leurs armes, et puis ce fut un immense éclat de joie. Ils couraient les uns
aux autres et ils s'embrassaient. Les Guides
se mirent à rire aussi, sans savoir. L'adjudant piqua des deux et repartit vers le régiment.

Philippe ne parlait plus... Il pressait,
entre ses doigts, la touffe de lilas don-
née, à son départ, par Francine et Philomène..., et il se réjouissait, en songeant
qu'il venait d'agir selon leurs vœux de
bonté...

Il allait reprendre ses exhortations à
l'amour, lorsqu'il s'aperçut que la troupe
ennemie grossissait. Bientôt, ses Guides
furent enveloppés par les uniformes
verts et blancs des artilleurs. Il voulut
s'expliquer, mais un vieil officier survint...

qui lui arracha son sabre... Il était prison-
nier...

.　.　.　.　.　.　.　.　.　.　.　.

    Par un dimanche, le dimanche qui sui-
vit, au matin, dans le Fort, il passa devant
la maison du colonel-gouverneur. L'épa-
nouissement des lilas parait les murs d'une
neige suspendue. Les sœurs étaient là qui
l'attendaient à la grille. Francine fondit en
pleurs, mais Philomène lui parut radieuse.
Sa beauté grandie s'exaltait. Elle lui jeta une
touffe de lilas qu'elle avait contre ses lè-
vres. Un soldat de l'escorte la ramassa et
la lui remit. Il la porta vers sa bouche... On
descendit par le chemin de ronde. Philomène l'appela du haut de la terrasse...
Pendant qu'il en longeait le mur, elle

lui disait : « Je t'admire et je t'adore, parce que tu as ouvert l'ère nouvelle de l'amour, et que ton sang va la sanctifier... »

Philippe se sentait tout ébloui, en dedans, d'une gloire indicible. Il se plaça de lui-même devant le poteau et il effeuillait les lilas pendant la lecture de l'arrêt de mort. Repris aux mains de l'ennemi, le conseil de guerre le condamnait pour trahison.

— Vous n'avez rien à ajouter ?

— Non... J'ai préféré mourir à tuer... Me voici prêt à subir... le sort...

On s'écarta. Une minute, il embrassa du regard l'esplanade, le carré des troupes luisant sous le jeune soleil, et les douze exécuteurs qui s'avançaient. Au-dessus d'eux, sur la terrasse, Philomène se tenait

droite contre le ciel, ses mains en bai-
ser.

Et elle lui fut l'ange noir qui ouvre aux
âmes la porte de la vie nouvelle.

Sans la quitter du regard, le cœur chan-
tant, il commanda le feu.

On sait comment l'exemple du cornette
Philippe émut les troupes des nations du
Nord. Dans les plaines de Wœrth, un mois
plus tard, les deux armées, au lieu de se
combattre, s'embrassèrent. L'ère de barba-
rie demeure close à jamais. Le Christ est
redescendu.

St-Amand (Cher). — Imp. DESTENAY, BUSSIÈRE FRÈRES.

www.ingramcontent.com/pod-product-compliance
Lightning Source LLC
LaVergne TN
LVHW050304090426
835511LV00039B/1439